Y NYTH

Y Nyth

[Pigebanden]

Jesper Wamsler

Addasiad Cymraeg
Dafydd James
o'r Saesneg gan Sarah Argent

Gomer

Cyhoeddwyd gyntaf yn Gymraeg yn 2013 gan
Wasg Gomer, Llandysul, Ceredigion SA44 4JL
www.gomer.co.uk

ISBN 978 1 84851 501 7

Cyhoeddwyd gyda chefnogaeth Llywodraeth Cymru.

Argraffwyd a rhwymwyd yng Nghymru
gan Wasg Gomer, Llandysul, Ceredigion.

CYFLWYNIAD

Yn 2004, cefais gyfle i fynychu Gŵyl Theatr yn Nenmarc lle gwelais gynhyrchiad o'r ddrama *Y Nyth* yn y Ddaneg, ac er nad ydw i'n siarad yr iaith, roeddwn i'n teimlo pŵer ac egni'r ddrama'n gryf. Roedd y gynulleidfa – pobl ifanc yn eu harddegau'n bennaf – wedi eu hudo gan berfformiadau pwerus y ddwy actores ar y llwyfan gwag. Ychydig iawn o brops a set oedd yno: potel blastig, *ghettoblaster* a bwrdd. Crewyd byd cyflawn y ddrama, gyda'i safleoedd gwahanol – y stryd, y ffair, y trên, yr adeilad gwag ac yn y blaen – drwy allu'r actoresau i ddefnyddio'u cyrff i awgrymu pethau gwahanol, ynghyd â thestun grymus Jesper Wamsler oedd yn gwahodd y gynulleidfa i ddefnyddio'u dychymyg er mwyn cwblhau'r darlun.

Erbyn diwedd y perfformiad roeddwn i, fel pawb arall yn y gynulleidfa, wedi cael fy nghyffwrdd a'm synnu gan sefyllfa druenus Louise a Vic a gweddill y Nyth. Mae'r teitl Daneg, *Pigebanden* – sef y teitl gwreiddiol – yn cyfieithu'n llythrennol fel 'Gang o Ferched'.

Ar ôl i mi gyrraedd adref, gofynnais ar unwaith i Sarah Argent ysgrifennu crynodeb a rhai golygfeydd enghreifftiol i mi. Ond, yn hytrach, cyflwynodd Sarah ddrafft bras o'r ddrama gyfan. Cafodd ei chyffroi gymaint gan y gwaith nes iddi weithio arno'n ddi-stop. Gwyddwn ar fy union fy mod i am gyfarwyddo'r ddrama, a'i theithio o gwmpas ysgolion er mwyn gweld beth fyddai ymateb pobl ifanc yn eu harddegau yng Nghymru iddi.

Comisiynwyd Sarah i gyfieithu'r ddrama, ac roedd Jesper yn fwy na pharod i fod ar ben arall y ffôn neu i anfon neges e-bost i gynnig cyngor. Dywedodd Jesper ei fod wedi gweld merch ifanc yn aros yn llonydd yn yr un man bob dydd yng Ngorsaf Ganolog Copenhagen, tra bod teithwyr prysur yn hwylio heibio iddi heb gymryd unrhyw sylw ohoni. Ar ôl peth amser, llwyddodd Jesper i gael sgwrs â hi; dywedodd hithau ei stori, ac ysbrydolwyd Jesper i ysgrifennu'r ddrama.

Perfformiwyd *The Flock* gyntaf yn Saesneg yn Ysgol Uwchradd Glyn Derw, Caerdydd, ym mis Chwefror 2005. Rwy'n cofio mai bore Mawrth gwlyb oedd hi, a'r awyr yn llwyd a diflas, ond digwyddodd rhywbeth arbennig iawn yn y stiwdio ddrama fechan, orlawn y diwrnod hwnnw – profodd criw o tua 35 o bobl ifanc a'u hathro sut beth oedd bywyd y Gang o Ferched wrth iddynt geisio byw ar y strydoedd. Fe'u lloriwyd gan y perfformiad; fe'u synnwyd a'u gadael yn fud – yn union fel a ddigwyddodd i bobl ifanc yn Nenmarc.

Perfformiwyd drama Jesper ym mhob cwr o Sgandinafia a'r Almaen. Bellach, mae Theatr Iolo wedi teithio *The Flock* ddwywaith, a thros 3,000 o bobl ifanc yn eu harddegau wedi ei gweld hi yng Nghymru. Mae'n dda gen i bod Dafydd James wedi addasu'r ddrama, ac y bydd hi bellach ar gael i bobl ifanc yn Gymraeg.

Kevin Lewis
Cyfarwyddwr Artistig Theatr Iolo
Chwefror 2013

Aflonyddir ar fy nyddiau gan atgofion –
Brith gof o'r rheswm pam
Y doist ti neithiwr i 'mreuddwydion,
Mae'n siŵr i ti deimlo'n unig ac ar goll
Ac ymddangos yn rhith o'm blaen.

Randi Laubeck

Dau brif gymeriad sydd yn y ddrama hon, sef Vic a Louise. Mae'r ddwy oddeutu pedair ar ddeg oed.

Chwaraeir rhannau'r ddau gymeriad, Vic a Louise, ynghyd â chymeriadau eraill y ddrama gan y ddau actor ar y llwyfan.

vic: Adar. Dyna sut wi'n meddwl amdanon ni nawr. Adar.
Roedden ni fel adar – adar ysglyfaethus. Haid yn hela.
Yn igam-ogamu drwy'r strydoedd, mewn a mas rhwng
y bobol, uwch eu pennau. Fel colomennod. Na, nid fel
colomennod chwaith, ma' colomennod yn hurt. Doedden
ni ddim yn hurt. Er i ni neud pethe hurt. Roedden ni'n
graff. Clyfar. A'n pigau yn ymestyn i bocedi'r bobol, yr eiliad
roedden nhw'n edrych i'r cyfeiriad arall. Craff. Clyfar.
Dyna oedden ni.

VIC: [YN SIARAD Â'R GYNULLEIDFA] Y dechrau. Mae'r holl beth yn dechrau gyda fi'n ishte wrth ddrws yn smoco un nosweth . . . rhywle'n y dre. Dyna sut mae'n dechrau.

Base hi wedi gallu bod yn unrhyw noson. Yr adeg 'ny. 'Run man i ddydd Mawrth fod yn ddydd Sadwrn; dydd Sul – Mercher. O'dd hi'n ddau neu dri y bore, falle. O'dd hi wedi bod yn glawio. Dechrau'r haf oedd hi, yn boeth. Do'n i ddim yn oer. O'n i'n un deg pedwar mlwydd oed. Ac yn unig.

Roedd 'na bwllyn dŵr ar y pafin. Yn y pwllyn weles i adlewyrchiad ffenest y siop gyferbyn. Steddes i 'na 'da'r sigarét am oesoedd a syllu mewn i'r pwllyn dŵr. Yna gweithio pelen fawr o boer yn 'y ngheg a'i phoeri i ganol y pwllyn. 'Nath hi sblash mawr cyn diflannu'n araf.

Yn sydyn, ma' car heddlu'n arafu o flaen yr archfarchnad ar ochr arall y stryd. Dafles i'r ffag i'r pwllyn dŵr a chynnau un arall. Agorodd y drws ar ochr y gyrrwr a daeth plismon mas. Groesodd e'r stryd, cerdded yn syth ata i. Do'dd e ddim yn hen iawn. Safodd e'n llonydd yn ei sgidiau mawr du, reit yng nghanol y pwllyn.
'So,' wedodd e, 'Be' ti'n neud?'
'Ishte'n cael ffag,' wedes i.
Roedd e'n gallu gweld 'ny. Cop craff.
'A beth ti'n 'neud pan nad wyt ti'n ishte'n cael ffag?'
'Cerdded wrth gael ffag,' wedes i.
Yna o'dd e moyn 'yn enw i.
'Vicky, Vic,' wedes i. 'Pwy wyt ti?'
Do'dd e ddim yn meddwl bod hynny'n bwysig.

Gofynnodd a allen nhw fynd â fi adre yn lle. Ond wedes i dim diolch, do'n i ddim ar goll na dim byd. Ac o'n i'n byw jyst rownd y gornel. Dyna le o'n i wastad yn byw: rownd y gornel.

'Iawn,' wedodd e, 'jyst cadwa mas o drwbwl, oce?'

'Diolch,' wedes i. 'Cadwa dithe mas o drwbwl hefyd.'

'Diolch,' wedodd e, ddim cweit yn siŵr shwd i ymateb, cyn troi rownd a chroesi'r stryd eto.

Gyrrodd car yr heddlu bant. Dafles i'r ffag i'r pwllyn dŵr a dechre cerdded. Fel o'n i wastad yn neud. Jyst crwydro'r strydoedd.

LOUISE: Ar dy ben dy hunan.

VIC: Ar fy mhen fy hunan.

[YN SIARAD Â'R GYNULLEIDFA] Weithiau daw Louise draw. Dwi'n ishte ar y bws ac yn meddwl yn sydyn mod i'n ei gweld hi. Neu wi yn y sinema. Yn sydyn, wi'n ei theimlo hi yna. Dwi'n troi i edrych, ac mae hi yna, 'chydig resi tu ôl i fi, yn ishte'n y tywyllwch, yn edrych arna i, yn gwenu. Ond pan dwi'n chwilio amdani yn y dorf ar ddiwedd y ffilm, wrth gwrs, smo hi 'na.

Felly wi'n crwydro'r strydoedd, fel o'n i'r noson honno. Yn gwmws fel o'n i'r noson honno.

Roedd car yr heddlu wedi diflannu rownd y gornel, a finne'n crwydro'r strydoedd gwlyb diferol. Do'dd braidd neb o gwmpas, braidd dim traffig.

Yna glywes i rywun yn gweiddi. O'dd hi'n anodd dweud

o le'n union roedd y sŵn yn dod, ond o'dd e'n nesáu, ac yn sydyn roedd y stryd yn gynnwrf gwyllt. Rhuthrodd criw rownd y gornel – rhedeg, dau ar y pafin, un ar y ffordd. Ethon nhw heibio i fi mewn fflach, ond o gornel 'yn llyged weles i ddyn yn dod o'r un cyfeiriad, yn rhedeg tuag ata i ar ras wyllt. Roedd e ar eu holau nhw. Heb wbod yn iawn beth o'dd yn digwydd, 'nes i gamu o'i flaen e. Tarodd rhywbeth fi, yn galed, ac aeth popeth yn dywyll a braidd yn niwlog.

Llais. Glywes i lais, llais o rywle pell i ffwrdd. Fel tasen i'n gorwedd dan gwilt. Teimles i rywun yn 'y nghodi. Fel tasen i'n hedfan lan. Rhywun yn 'y nghario.

O'dd y cyfan fel breuddwyd, y teimlad 'na chi'n cael pan y'ch chi ar fin deffro. Peth nesa dwi'n gofio o'dd tywyllwch newydd o ryw fath. O'n i'n gorwedd ar gwpwl o focsys cardbord wedi plygu, a charped tamp drosta i. R'on i'n gallu gweld tarpolin, wedi'i ymestyn rhwng dau gerbyd trên.

Ga'th rhywbeth oer ei wasgu'n erbyn 'y ngwefusau.
'Yfa hwn,' clywais lais yn dweud. 'Deimli di'n well wedyn.'
O'n i'n meddwl mai dŵr fydde fe. Ond alcohol o'dd e.
'All hi ddim cysgu,' dwedodd ail lais. 'Os oes 'da hi *concussion*, gall hi farw.'
'Ti'n oce?'
'Dwi'n meddwl 'ny,' wedes i.
Gymres i gegaid arall.
'Mae gen ti lwmp ar dy ben,' wedodd un ohonyn nhw, a dechreuon nhw wherthin.

'Sori,' wedodd hi, 'ond ti'n edrych yn *funny*.'

'Mae'n edrych fel wy.'

'Ma' 'na wy yn sticio mas o dy wy di,' wedodd rhywun arall.

Dechreuais i wherthin hefyd, er bod e'n brifo, a wherthinon ni i gyd gyda'n gilydd.

Fflachiodd golau llachar o fla'n 'yn llyged.

Yna, weles i wyneb merch â gwallt *blonde* yng ngolau'r tortsh.

Gofynnodd hi i fi os o'n i'n cofio'n enw i.

'Vicky,' wedes i. 'Ond ma'n well 'da fi Vic.'

'Haia Vic,' wedodd hi. 'Maria ydw i. A 'co Tülin a Claire. Oes unrhyw syniad 'da ti beth ddigwyddodd?'

'Dim *really*,' wedes i.

Dechreuodd Maria, y ferch *blonde*, adrodd y stori. O'n nhw wedi bod yn rhedeg oddi wrth ryw ddyn, o'dd wedi'u dal nhw'n neud rhywbeth neu'i gilydd. Do'dd e ddim yn bell ar eu holau nhw, ond yna clywson nhw sŵn cwymp a sgrech. Fi o'dd hwnna. Yna rhedodd e bant, ac oedden nhw'n rhydd. Mewn ffordd, achubais i nhw.

Roedd 'na fagiau plastig yn llawn poteli a chreision a losin. O'dd jyst isie fi weud beth o'n i moyn. Buon ni'n smygu, yn stwffo losin ac yn yfed, ac er bod 'y mhen i wedi dechrau troi o achos y ddiod, fe gliriodd effaith y gwymp ar yr un pryd. Ro'n i wedi ffindo fy nyth i. Maria, Claire, Tülin. A Vic. Ac, yn nes 'mlaen, Louise. Louise. Hedfanest ti bant. Ble est ti?

LOUISE: Haia.

VIC: [YN SIARAD Â'R GYNULLEIDFA] Wi'n meddwl am Louise.

LOUISE: 'Co fi, wi yma.

VIC: Falle mai cysgod sy yno. Neu'r gwynt yn llefen o gwmpas 'y nghlustie i.

LOUISE: Wi yma.

VIC: Neu wi'n meddwl mod i'n ei gweld hi ar y bws.

LOUISE: Vic!

VIC: Neu yn y sinema.

LOUISE: Helo?

VIC: Ond nagyw hi yna. Wrth gwrs nagyw hi yna.

LOUISE: Iawn, anwybydda fi 'te!

VIC: Neu adre. Pan wi'n ishte ar y soffa. Neu'n gorwedd ar y gwely.

LOUISE: Neu'n sefyll o flaen y drych.

VIC: Neu'n sefyll o flaen y drych yn syllu ar 'yn adlewyrchiad. Ar 'y ngwyneb i. Yn sydyn, wyneb Louise wi'n gweld . . .

LOUISE: Haia.

VIC: Sa i'n gweld 'yn adlewyrchiad – wyneb Louise wi'n gweld.

LOUISE: Ti'n gwbod pam wi 'ma.

VIC: Mae'n edrych arna i, fel tase hi'n aros i fi ddweud rhywbeth penodol.

[Y DDWY YN SIARAD Â'I GILYDD.]

LOUISE: Ti wedi anghofio?

VIC: Cau dy geg. God, ti'n *annoying*!

LOUISE: Diolch!

VIC: Sa i wedi anghofio.

LOUISE: Gwd, iawn, grêt. Dwed te.

VIC: Wel . . .

LOUISE: Wel?

VIC: Beth?

LOUISE: Wel beth?

VIC: Beth wedest ti?

LOUISE: Beth.

VIC: Nage, beth wedest ti?

LOUISE: Ie, 'beth'. Dyna beth wedes i.

VIC: Na, cyn hynny. Cyn 'beth'.

LOUISE: Wedes i ddim byd cyn 'beth'.

VIC: Wedest ti rywbeth.

LOUISE: Rhywbeth? O'dd e'n swnio fel tasen i wedi dweud 'rhywbeth'? Ma isie i ti olchi dy glustiau mas.

VIC: S'dim ots.

LOUISE: S'dim ots?

VIC: Na, s'dim ots.

LOUISE: Os nag oes dim ots, 'run man i fi fynd eto.

VIC: Pam ti 'ma 'ta beth?

LOUISE: I glywed ein stori ni.

VIC: Wi ddim yn gwbod os alla i.

LOUISE: Alli di ddim peidio.

VIC: Na. Alla i ddim.

LOUISE: Pam?

VIC: Achos smo ti 'ma go iawn.

LOUISE: Wrth gwrs mod i 'ma. A phwy ddiawl ti'n meddwl ti'n siarad, os nag ydw i 'ma?

VIC: Beth wyt ti moyn?

LOUISE: 'Run peth ag arfer. Dwi isie gwrando, a ti isie dweud. Dere mla'n, dechreua.

VIC: Sa i'n gwbod ble i ddechrau.

LOUISE: Beth am fel hyn: 'Un tro?'

VIC: Smo 'ddi'n stori dylwyth teg.

LOUISE: Pam lai? Gall fod.

VIC: Falle. Ond ble mae hi'n dechrau?

LOUISE: Mae hi wedi dechrau'n barod.

VIC: Beth ti'n feddwl?

LOUISE: Gyda sigarét.

VIC: Sigarét?

LOUISE: Hei.

VIC: Hei?

LOUISE: Wel?

VIC: Wel, wel?

LOUISE: Oes sigarét gyda ti?

VIC: Oes. Ti moyn un?

LOUISE: Wel, dyna'r syniad. Grêt, diolch.

VIC: Pwy wyt ti?

LOUISE: Louise. 'Sda ti dân?

VIC: Oes.

LOUISE: Wyt ti gyda'r criw 'ma? Grêt, diolch. [MAE'N CYMRYD SIGARÉT] Pwy wyt ti?

VIC: Vic. A co Maria. A Claire a Tülin.

LOUISE: Cŵl, oce, wela i chi o gwmpas 'te.
Beth chi'n neud?

VIC: Dim lot. Loetran. Gweld beth ddigwyddith.

LOUISE: O, iawn. Oce, cŵl.

VIC: Beth amdanat ti?

LOUISE: Beth amdana i?

VIC: Beth wyt ti'n neud?

LOUISE: Dim lot. Hongian o gwmpas, rhywbeth felly –
yn y nos fel arfer. Dim byd sbesial. Jyst gweld beth
ddigwyddith.

VIC: 'Bach fel ni.

LOUISE: 'Bach fel aderyn.

VIC: Aderyn?

LOUISE: Ie, aderyn. *Cheep-cheep.*

VIC: O, ie. *Cheep-cheep*? Aderyn.

Ma' Maria newydd . . . ma' hi newydd ffindo arian,
oedden ni'n meddwl mynd i'r ffair. Ti isie dod?

LOUISE: Ie, cŵl . . . na, 'sdim arian 'da fi.

VIC: Ma' arian 'da ni. Ni'n sleifio mewn – mae'n rhwydd.

LOUISE: Ie, oce, cŵl. Shwt?

VIC: Ma' 'na dŷ bwyta drws nesa. Ma' cefnder Tülin yn 'nabod
un o'r *waiters* 'na. Mae e'n gadael i ni fynd mewn i'r ffair
drwy'r drws cefn.

LOUISE: Cŵl. So, ife ffindo'r arian 'na'th hi, neu beth?

VIC: Ti'n dod 'da ni neu beidio? Ma' 'na dân gwyllt heno.
Miwsig a popcorn, candi-fflos a reids. Ti'n gêm?

LOUISE: Odw, wrth gwrs, cŵl. Dyna shwd ddechreuodd e.

VIC: Honno oedd ein noson gynta gyda'n gilydd, ni'n pump. Sgrechian ar y *roller-coaster*, rhedeg i bob man – lliwiau llachar, sŵn miwsig, golau'n fflachio.

Ac wrth iddi dywyllu . . . Rocedi. Sêr. Ffrwydradau uchel oedd yn atseinio yng nghrombil eich stumog.

Dyma pryd y crewyd y nyth. Ac roedd hi fel tase'r awyr uwch ein pennau'n gwbod hynny. Roedd y tân gwyllt yn fwy prydferth, yn fwy anhygoel na dim a welwyd erioed.

Daeth y nos, ac fe ddringon ni dros y clawdd i'r parc lle gorweddon ni ar y borfa i gysgu. Dyna sut ddechreuodd e.

LOUISE: Beth am y trenau? Wyt ti wedi dweud am y trenau?

VIC: O orsaf i orsaf. Drwy dwneli, dros bontydd.

LOUISE: Gadael y ddinas.

VIC: Mynd i nunlle.

LOUISE: Mynd i bobman.

VIC: Heb docynnau, wrth gwrs. Rhedeg nerth ein traed drwy'r cerbydau gyda swyddogion yn sgrechian ar ein sodlau.

LOUISE: 'Hei! Ti fanna! 'Rhosa!'

VIC: Cau'r drws, dal i fynd, paid ag aros, jyst dala i fynd, dala i fynd.

LOUISE: 'Aros, yn enw'r gyfraith!'

VIC: Taflu bagiau a chesys ar draws eu llwybrau, i'r swyddogion faglu drostyn nhw. A mla'n, a mla'n.

LOUISE: 'Y *slags* bach!'

VIC: Dala i fynd mla'n i'r orsaf nesa, i'r stop nesa, a mla'n a mla'n, a mla'n. Y trên yn stopio, ninnau'n dal i fynd. Mas â ni, ar y platfform a lan y grisiau symudol a ffoi, ffoi, ffoi'n bell i ffwrdd.

LOUISE: 'Tro nesa, chewch chi ddim dianc!'

VIC: Oedden ni'n rhy glou, fel mellt. A nhw'n tuchan ar ein holau, fel cŵn hurt, ond roedden ni'n gwibio, yn hedfan i ffwrdd o'u gafael. Roedden ni'n anorchfygol – ac roedden ni'n rhydd.

LOUISE a VIC: O orsaf i orsaf i orsaf i orsaf.

VIC: Yn gwmws fel adar.

LOUISE: Sut olwg o'dd arnon ni?

VIC: Sut olwg o'dd arnon ni?

LOUISE: Ie.

VIC: Roedden ni jyst yn edrych yn normal.

LOUISE: Normal? Maria?

VIC: Ie, y ferch fach gyfoethog, bert.

LOUISE: Pert? O'dd hi'n edrych fel tywysoges, a'i gwallt golau hir cyrliog hyd at ei hysgwyddau. Ac o'dd hi'n siarad yn *posh*.

VIC: Jyst fel mewn hen ffilm.

LOUISE: Wastad mewn dillad smart. Oedden nhw'n frwnt, wrth gwrs, ond yn smart hefyd. Roedd ei rhieni hi'n graig o arian.

VIC: Ond roedd hi moyn bod gyda ni. Y nyth o'dd y peth pwysica.

LOUISE: Ac o'dd hi wastad yn gallu dod o hyd i arian.

VIC: Yn yr orsaf ganolog.

LOUISE: [FEL MARIA] 'Esgusodwch fi, Madam. Oes 'da chi bum munud i sbario? Ry'n ni'n dod o'r ysgol gyfun leol ac yn gweithio ar brosiect ar gyllid personol. Fasech chi gystal ag ateb rhai cwestiynau? Diolch, chi'n rhy garedig.

'Nawr 'te, sawl darn o arian sy gyda chi fel arfer yn eich pwrs?'

VIC: Ac yna mi fyse hi'n helpu'r hen fenyw i gyfri'i newid.

LOUISE: 'Diolch yn fawr iawn.'

VIC: A thra bod nhw'n cyfri'r ceiniogau, roedd Maria'n tynnu'r arian papur mas yn dawel bach a'u dodi nhw yn ei phoced.

LOUISE: 'Mae hynna wedi bod yn lot o help.'

VIC: Llygaid mawr glas, diniwed. Yna roedd hi'n gwneud cyrtsi fach.

LOUISE: 'Joiwch eich diwrnod, Madam.'

VIC: Arian. Allwn ni wneud unrhyw beth.

LOUISE: Claire!

VIC: Doedd hi *ddim* yn siarad yn *posh*.

LOUISE: [FEL CLAIRE] 'Hei, chi fel hen fenywod. Allwn ni
pissing-well mynd mas cyn bo' hir a *chuffin'* prynu pac o
bastard ffags, e? Iesu Grist!'

VIC: Dwi'n starfo 'nhits i bant fan hyn. Blydi hel, bois.

LOUISE: Dillad du. Minlliw du, weithie.

VIC: A'r tatŵ 'na ar ei garddwn, 'na'th hi hwnnw ei hunan,
gyda hoelen a beiro.

LOUISE: Roedd e fel hen gorryn o'dd hi wastad yn ei gosi a'i
grafu nes ei fod e'n gwaedu.

VIC: Roedd ei chroen hi'n glaear o welw. Doedd hi byth yn
gwenu. Ddim hyd yn oed wrth wherthin.

LOUISE: Wenodd hi unwaith. Pan ffeindiodd hi'r nyth
i ni.

VIC: Dyna'r unig dro i fi ei gweld hi'n gwenu.

LOUISE: [FEL CLAIRE] 'Wi wedi ffindo lle i ni. Cartre. Ein
cartre'n hunen.'

VIC: Ie. Y nyth. Beth am i fi ddweud wrthyn nhw am
y nyth?

LOUISE: Tülin gynta. Yr un dawel. Do'dd hi ddim yn dweud
llawer.

VIC: Ond roedd hi'n glou. Fel milgi. A'i brawd – beth o'dd
'i enw fe eto? Wastad yn gyrru ambytu gyda'r miwsig
ffwl blast.

LOUISE: Dync, dync, dync.

VIC a LOUISE: Mahmood!

VIC: Ie, Mahmood. Roedd e'n cadw golwg arni hi. Achubodd
e ni un diwrnod, ti'n cofio?

O'dd Claire wedi dwyn beic o'r tu fas i ryw archfarchnad.
Do'dd dim clo arno fe, felly aeth hi â fe, cerdded gydag e
rownd y gornel a bant â hi. Ond wedyn . . .

LOUISE: 'Hei, stop! Beth yffarn ti'n neud?'

VIC: Pump boi yn ein hamgylchynu ni, gwisgo capiau
pêl-fas a trywsusau tracsiwt. Dyma nhw'n hoelio ni
yn erbyn y wal. O'dd tsiaen gydag un a bwnshyn o
allweddi yn sownd ynddi hi, ac yntau'n ei shiglo rownd
a rownd.

'Ife ti nath e, yr hwren fach frwnt? Diawl, ti'n drewi o
arlleg. *Paki bitch.*'

LOUISE: Dync, dync, dync.

VIC: Daeth Mahmood ac un o'i ffrindiau.

LOUISE: [FEL MAHMOOD] 'Pump boi yn erbyn dwy ferch fach,
ife? Odych chi'n *gay*, neu beth?'

VIC: [FEL UN O'R BECHGYN] 'Nhw aeth â'n beic ni.'

LOUISE: 'A chi'n meddwl bod isie crasfa arnyn nhw odych chi? *Benders*. Ewch gartre i shago'ch gilydd. Dewch, o 'ma. Baglwch hi.'

VIC: Ac fe redodd y trywsus tracsiwt bant. Cynffonnau rhwng eu coesau. Dechreuodd Maria wherthin. A ni hefyd.

LOUISE: Ond do'dd Mahmood ddim yn meddwl bod e'n ddoniol.

'Odych chi'n hollol stiwpid, e? Odych chi moyn cael clatshen neu beth?'

VIC: Hei, cŵl hed.

LOUISE: 'Peidiwch neud perfformans stiwpid fel 'na eto!'

VIC: Yna fe yrron nhw bant.

Fasen ni 'di gallu'u handlo nhw ar ben ein hunain. Y *twats* bach. Wherthinon ni. Yna towlu darn arian i benderfynu ble i fynd.

[SAIB.]

LOUISE: Vic?

VIC: Ie?

LOUISE: Ma' 'na rywbeth wi isie dweud wrthot ti.

VIC: Iawn?

LOUISE: Chei di ddim dweud wrth y lleill. Ddim eto.

VIC: Iawn.

LOUISE: Wi'n dost.

VIC: Dost. Be ti'n feddwl?

LOUISE: Mae'n anodd egluro. Weithie. Ma' popeth jyst mynd
yn drech na fi, ma' popeth jyst yn . . . mynd yn drech na fi.

VIC: Wedi blino wyt ti, dyna i gyd, Louise.

LOUISE: Mae'r byd yn troi'n lle annioddefol. Popeth sy'n
mynd mlaen, popeth wi'n 'i weld a'i glywed. Mae e jyst yn
mynd yn ormod i fi.

VIC: Ma' heddi wedi bod yn ddiwrnod hir.

LOUISE: Mae'n teimlo fel tase dim digon o le i bopeth yn 'y
mhen i. Fel tase fe ar fin ffrwydro.

VIC: Louise! Ti jyst angen cwsg.

LOUISE: Wi jyst angen 'y moddion i.

VIC: Moddion?

LOUISE: Ie, wi angen e.

VIC: Ni'n mynd i edrych ar dy ôl di. Ti'n aelod o'r nyth, yn
rhan o'r haid. Ni'n edrych ar ôl ein gilydd.

LOUISE: Wnei di edrych ar fy ôl i?

VIC: Wrth gwrs. Wastad.

LOUISE: Ma' angen malu'r tabledi a'u cymysgu mewn pop.
Ma' nhw'n gweithio'n gynt fel 'na.

VIC: Wrth gwrs. Edrycha i ar dy ôl di drwy'r amser.

LOUISE: Diolch. Gysga i mewn tym'bach. Paid â bod ofn.
Mae'n helpu, mae'n neud e'n well.

VIC: Ti jyst angen cwsg. Fe deimli di'n well wedyn.

LOUISE: Ie. Ti'n iawn.

VIC: Dere nawr. Hisht. Hisht. 'Co ti. 'Co ti.

[SAIB.]

Fe hedfanest ti bant. Adawest ti'r nyth. O't ti'n meddwl
amdanon ni, y diwrnod hwnnw? Falle nag o't ti wir yn
meddwl am ddim byd. O'dd hi'n ddiwrnod braf. Haul
ac awyr las ddigwmwl. Ac fe hedfanest ti o'r sil ffenest
a hofran fry uwchben y dre, fyny fry yn uchel uwchben
popeth.

LOUISE: Vic?

VIC: Ie?

LOUISE: Ti wedi anghofio rhan o'r stori. Ma' isie i ti gymryd
cam 'nôl neu alla i ddim cadw lan.

VIC: Sa i'n deall.

LOUISE: Dwed wrtha i am y nyth. Ma' isie i ti weud yn union
shwd o'dd hi'r adeg yna. Yr adeg yna pan o'n i'n cwmpo
i gysgu.

VIC: Iawn. Fe gwrddon ni lawr ar bwys y rheilffordd.
O'dd hi'n ddiwrnod braf. O'dd Claire yn gwenu.
'Wi wedi ffindo rhywle i ni,' wedodd hi. 'Cartre. Ein
cartre'n hunain.'

Hen adeilad gwag o'dd e – adfail, bron. Allen ni fyw yna nes iddyn nhw ei ddymchwel. Mewn stryd gefn gul oddi ar stryd gefn arall o'dd e. Roedd pren dros y mwyafrif o'r drysau a'r ffenestri.

Safon ni yna ac edrych lan. Wrth y top, jyst islaw'r to, roedd cartref yn aros ar ein cyfer. Ein nyth ni.

Lwyddon ni i fynd mewn rownd y cefn drwy dwll yn y ffens. Godon ni bentwr o finiau sbwriel yn erbyn y wal, a dringo ar ysgwyddau'n gilydd er mwyn gwasgu drwy'r ffenest ar y llawr cyntaf. Roedd gwynt hen bethau tu fewn. Trymaidd. Stêl.

Gyrhaeddon ni o'r diwedd. Safon ni yna, yn yr atic, ac edrych mas drwy'r ffenest, mas dros doeau tai'r ddinas. Dyna oedd yr olygfa fwyaf anhygoel.

LOUISE: Yr olygfa fwyaf anhygoel.

VIC: Roedd papur yn pilo'n stribedi hir oddi ar y wal. Roedd y llawr yn llawn sbwriel – bagiau plastig, hen gylchgronau, bocsys a photeli a gwydr wedi'i falu a chaniau tun. Matres yn dyllau i gyd. Darn o garped. Hen gwilt, a phlu'n sticio allan ohono.

Roedden ni yna, yn y nyth. Roedden ni adre. Fe ddawnsion ni – mewn llawenydd. Roedd hi fel stori dylwyth teg.

LOUISE: Fel stori dylwyth teg.

VIC: Ddechreuon ni addurno'r lle. Mynd mas ac edrych am stwff: hen ddodrefn, unrhyw beth allai fod o ddefnydd.

Fe lusgon ni bethe lan yno, a symud pethe o gwmpas, a gwneud y lle'n gartrefol. Drannoeth roedden ni'n barod am barti, i gynhesu'r nyth.

VIC: Aeth Maria lawr i'r orsaf i ddwyn ychydig o arian, ond roedd 'na ormod o heddlu o gwmpas, felly roedd rhaid iddi fynd adre at ei rhieni a benthyg arian yn lle hynny. Aeth Tülin i 'nôl *ghettoblaster*, ac aeth Claire allan i ffindo bwyd. Arhosest ti a fi yn y nyth.

LOUISE: O'n i'n dost. Yn crynu ac yn chwysu.

VIC: 'Fe weithith y pils cyn bo hir.' Wedes i wrthat ti, jyst fel nawr. Sa i'n siŵr sut, ond yn raddol dechreuest ti ymlacio, dechrau anadlu'n ysgafnach, a chwympo i gysgu.

Es i draw at y ffenest, ac edrych allan. Ro'n i'n hapus. Hapus ein bod ni wedi ffindo'r nyth. Hapus ein bod ni gyda'n gilydd. Sefes i yno, yn edrych allan.

Hedfanest ti bant, i'r heulwen. O'dd 'na lais yn dy alw di? Beth o'dd yn dy feddwl di? Ni? Neu'r adar yn hedfan am y gwledydd twym? Gadawest ti, a hedfan bant.

[SAIB. MAEN NHW'N AIL-FYW'R PARTI.]

LOUISE: Ti'n barod am barti?

VIC: Barod am bartiii!

LOUISE: Barod am bartiiiii!

VIC: Miwsig o'r *ghettoblaster*. Canhwyllau ym mhobman. Platiau papur a chyllyll a ffyrc plastig. Gwin o focs mewn cwpanau plastig.

LOUISE: Iechyd da!

VIC: Iechyd da!

LOUISE: Iechyd daaaaa!

VIC: Iechyd daaaaa!

LOUISE: [YN DYNWARED CYFLWYNYDD AR ORSAF RADIO]
'Chi'n gwrando ar Y Llais ar 104.9. Ni yma gyda
chi drwy'r nos hyd at bump y bore. Dyma nhw i chi,
felly – Rhyw Fand neu'i Gilydd gyda Rhyw Record
neu'i Gilydd!'

VIC: Canhwyllau newydd. Mwy o win. Amser parti!

LOUISE: Dawnsio!

VIC: Claire yn rowlio sbliff, a ni'n smygu.

LOUISE: Drycha, ma'r cysgodion yn dawnsio!

Vic: A ninnau'n smygu.

LOUISE: Yn dawnsio fel ni, jyst fel ni!

VIC: Ac yfed. Fe feddwon ni'n gaib, yn chwil ulw gaib.

LOUISE: Ni'n chwiorydd gwaed.

VIC: Gwallgo, off ein pennau, *wasted*. Taflodd Claire botel yn
erbyn y wal a'i thorri'n deilchion.

LOUISE: Dewch mla'n, ma' isie i ni gymysgu'n gwaed.

VIC: Slashon ni'n cledrau, o'r chwith i'r dde, dal dwylo'n
gilydd a gwasgu'r clwyfau agored at ei gilydd.

LOUISE: Ddoe a heddi.

VIC: Fory ac am byth. Yn driw i'r nyth.

LOUISE: Yn driw i'r haid.

VIC: A gyda gwaed ein gilydd ar ein dwylo, ar ein breichiau, ar ein hwynebau ac ar ein dillad, fe gwympon ni i gysgu ar y llawr.

Drannoeth, fe orweddon ni yn y parc ac yfed Coke a syllu lan ar yr awyr, y cymylau'n araf hwylio heibio.

[SAIB. Y DDWY YN GWYLIO'R CYMYLAU.]

LOUISE: Gwlân cotwm . . .

VIC: Calon . . .

LOUISE: Blodyn . . .

VIC: Dafad . . .

LOUISE: Iâr . . .

VIC: Ceiliog . . .

LOUISE: [YN PWYNTIO] Drycha!

VIC: Ble?

LOUISE: Adar. Drycha, adar yn mudo!

VIC: Ie! Mae cymaint ohonyn nhw. Cymaint.

LOUISE: Maen nhw'n hedfan am yr haul. Yr adar, maen nhw'n hedfan draw am yr haul nawr. Fel tase llais yn galw arnyn nhw. Drychwch, mae'n edrych fel 'V'. 'V' am Vic.

VIC: Neu 'L'. O fan hyn mae'n edrych fel 'L'.

LOUISE: Mae'n anhygoel . . . eu bod nhw'n gwybod ble
i fynd.

VIC: Faset ti'n gwybod ble i fynd?

LOUISE: Fasen i ddim yn gwybod ble i fynd. Fasen i'n mynd
ar goll. Bob diwrnod wi'n teimlo'n fwy a mwy ar goll.

[SAIB.]

VIC: Aeth y diwrnodau heibio. Gasglon ni fwy o bethau i'r
nyth. Dodrefn, lampau olew, stôf fach nwy i weithio te
a choffi.

LOUISE: O'n i'n gorffod cysgu drwy'r amser, ac ar ôl deffro o'n
i ond yn teimlo'n iawn am sbel fach.

VIC: Dechreuon ni ennill arian. O'dd Claire yn mynd â chŵn
am dro.

LOUISE: [EI HYMDDYGIAD YN NEWID] Anghofies i ble'r o'n i.

VIC: Roedd Tülin yn plethu gwallt twristiaid.

LOUISE: Anghofio pwy o'n i, a ble ro'n i.

VIC: Gasglon ni boteli i'w hailgylchu er mwyn codi arian,
golchi llestri mewn tai bwyta, a stopo dwyn, fwy neu lai.

LOUISE: Es i ar goll, ond fethoch chi weld.

VIC: Aeth wythnos yn bythefnos.

LOUISE: Glywsoch chi ddim.

VIC: Adar oedden ni. A'r dref yn goedwig i ni. Yr adeiladau'n goed i ni, ac ar ben un o'r coed roedd ein nyth. Ein nyth ar ben y goeden, yng nghanol y goedwig.

LOUISE: Welais i erioed goedwig mor brydferth.

VIC: Louise?

LOUISE: Â nyth fyny fry mewn coeden.

VIC: Louise!

LOUISE: Y goeden yn sefyll mewn coedwig. A'r goedwig yn ymestyn mor beeeeeeeeell . . .

VIC: Louise, beth sy'n bod?

LOUISE: Un diwrnod daeth heliwr hyll heibio.

VIC: Dere 'ma. Stedda Louise.

LOUISE: Ffalabalam-ba-lwm-ba-lam-ba-lei.

VIC: Louise!

LOUISE: Vic, ti sy 'na?

VIC: Ie, wrth gwrs mai fi sy 'ma.

LOUISE: Alli di weld fi?

VIC: Wrth gwrs alla i dy weld di.

LOUISE: Fedra i weld yn syth trwydda i. Fedra i weld reit trwydda i!

VIC: Ma' isie i ti gymryd dy foddion.

LOUISE: Ma' isie i ti gau dy geg.

VIC: Dwi'n treial dy helpu di.

LOUISE: Alla i edrych ar ôl fy hunan.

VIC: 'Co ti, 'co ti. Weithith e cyn bo hir.

LOUISE: Wy'n gwbod. Diolch.

VIC: Jyst ymlacia.

LOUISE: Wy'n ymlacio.

VIC: Ara deg.

LOUISE: Ara deg. Ie.

[SAIB.]

Vic, ga i weud rhywbeth wrthot ti?

VIC: Cei.

LOUISE: Heddi . . . pan o'ch chi i gyd mas. Glywes i rywbeth
yn symud ambytu ar y landin. Ac es i mas i weld beth
oedd yna. Llygoden fawr oedd yna. Ar y landin, yn y
gornel, rhwng y bagiau a'r bocsys – roedd hi'n llygoden
fawr iawn. Ond nid hi oedd yn gyfrifol am y sŵn, achos
o'dd hi wedi marw.

[SAIB.]

Dwtshes i hi gyda 'mys, ond symudodd hi ddim; roedd
hi'n oer. Godes i hi lan a'i mwytho hi. Yna dodes i hi mewn
bocs cardbord bach oedd yn y sbwriel, a rhoi caead arno
fe. Ti'n meddwl bod y llygoden fawr yn y Nefoedd nawr?

VIC: Nagw. I'r adar yn unig mae'r Nefoedd.

LOUISE: Ti'n meddwl 'ny?

VIC: Dwi'n meddwl ddylet ti gau dy lygaid, a mynd i gysgu.

LOUISE: Y noson honno, ar ôl y storm . . .

VIC: Cer i gysgu nawr.

LOUISE: Ti'n cofio'r noson honno?

VIC: Dwi ddim yn meddwl mod i'n cofio'r storm.

LOUISE: O'dd y cymylau mor ddu, o'dd hi bron fel tase hi'n
nos. Nethon ni orwedd ar y llawr yn cyfri'r eiliadau rhwng
y mellt a'r taranau.

VIC: Ti freuddwydiodd hynny, falle.

LOUISE: Wnei di'n helpu i?

VIC: Ti'n gwbod y gwnaf i.

LOUISE: Yna gwed wrtha i am y noson yna gyda'r storm 'te.

VIC: Pam? Jyst breuddwyd ddwl oedd hi, siŵr o fod.

LOUISE: Achos mae'n rhan o'r peth, Vic. Achos mod i'n gofyn
i ti.

[SAIB.]

VIC: Y noson honno. Beth nethon ni? Steddon ni o gwmpas
y ford. Yn chwarae cardiau. Fuon ni'n chwarae cardiau?
Do, fe steddon ni o gwmpas y ford a chware cardiau. Yn
sydyn, roedd yna gnoc ar y drws.

LOUISE: Ssshh!

VIC: Bang, bang, bang, bang. Pwy all e fod?

LOUISE: Ssshh!

VIC: Yn araf – araf iawn, iawn – symudodd y ddolen.

LOUISE: Ddiffoddon ni'r canhwyllau.

VIC: Dechreuodd y drws agor. Modfedd ar y tro, agorodd
    y drws.

LOUISE: Ymddangosodd siâp rhywbeth mawr yn y drws.

VIC: [FEL Y DYN] 'Wel, beth sy gyda ni fan hyn? Llygod mawr
    yn yr atig.'

LOUISE: Golau tortsh yn ein hwynebau.

VIC: 'Mae'n debyg bod ambell un yn meddwl eu bod nhw jyst
    yn gallu symud mewn i dai pobol eraill! E?'

LOUISE: Ond 'sneb yn byw 'ma.

VIC: 'Fy nhŷ i yw hwn, ac ma' 'na bris i'w dalu os y'ch chi
    moyn byw 'ma. Gadewch i fi weld. Pedwar cant. Pedwar
    cant y mis. Oes gyda chi bedwar cant?'

LOUISE: Na. Nagoes. Dyw e ddim gyda ni.

VIC: 'Os y'ch chi moyn dal i fyw 'ma, dyna faint gostith hi.'

LOUISE: Fory? Allwn ni dalu fory?

VIC: 'Fory? Oce, iawn. Ddof i 'nôl fory i gasglu'r rhent.'

LOUISE: Daeth e'n agosach, a sefyll o flaen Maria. Disgleirio'r tortsh reit yn ei hwyneb. O'dd e bron yn foel. Ond gyda'i fysedd mawr tew, anwesodd e wallt Maria, yna cyffyrddodd ei hysgwyddau hi.

VIC: 'Ac os nad oes arian gyda chi, bydd rhaid i ni feddwl am rywffordd arall o dalu.'

LOUISE: Yna'i braich hi, a lawr i'w bron, fe wasgodd e ei bron hi – a gwenu. Yna trodd e rownd a cherdded mas.

[SAIB.]

VIC: O'dd e'n edrych fel . . .

LOUISE: Damo! Pedwar cant! Damo fe!

VIC: O'dd e'n edrych fel cadno. Cadno ar ei gythlwng.

LOUISE: Shwd ddiawl y'n ni'n mynd i gael hyd i bedwar cant? Damo!

VIC: Ni oedd yr adar, a fe oedd y cadno.

LOUISE: *Shit*!

VIC: Y diwrnod wedyn, roedd tasg i'w chwblhau. Roedd tri rhif ynghlwm wrthi. Pedwar a dau sero. Doedd dim rheolau – y nyth o'dd yn bwysig.

LOUISE: Daeth menyw grand mewn cot ffwr mas o'r banc, lle roedden ni'n aros.

VIC: Y nyth, a dim byd arall o'dd yn bwysig.

LOUISE: Fe ddilynon ni hi i'r orsaf, gymerodd hi drên tua'r gogledd.

VIC: Dyma hi'n gadael y trên yn y bedwaredd orsaf. Ddilynon ni hi. Doedd braidd neb o gwmpas. Unwaith i'r trên dynnu allan, dyma ni'n neidio. Ei bwrw hi i'r llawr a'i llusgo i'r toilet. Gwthiodd Claire gyllell i'w gwddw.

LOUISE: [FEL CLAIRE] 'Os sgrechi di, dyna'r smic ola wnei di byth!'

VIC: Fe glymon ni hi â thâp a gwthio'i phen lawr y toilet. Dwgyd popeth o'dd ganddi, a rhedeg bant.

LOUISE: Y noson honno, daeth y cadno draw. Roedd ganddo fe gamera.

VIC: [FEL Y DYN] 'Wel, fy llygod bach i. Beth am y rhent? Ody'r arian gyda chi?'

LOUISE: Lluchiodd Claire fag papur llawn arian ato. 'S'dim angen i ti gyfri. Ma' fe gyd 'na.'

VIC: 'Cant, dau gant, tri chant. Dim ond pedwar cant sy 'ma?'

LOUISE: 'Ie, pedwar cant.'

VIC: 'Ferched, ferched, ferched. Dyna'i gyd sy fan hyn yw mis o rent. Beth am y blaendal?'

LOUISE: 'Ond pedwar cant wedoch chi.'

VIC: 'Am y rhent, ie. Ond ma' 'na wastad flaendal o dri mis o rent i'w dalu. Dwi isie mil dau gant.'

LOUISE: Mil dau gant?

VIC: 'Os na allwch chi dalu, yna ma' 'da chi 'bach o broblem.'

LOUISE: O ble y'n ni fod i gael y math 'na o arian?

VIC: 'Wel, ma' 'na ddau bosibilrwydd. Naill ai wy'n gallu galw'r heddlu. Neu fe gewch chi neud tym' bach o waith i fi.'

LOUISE: Gwaith? Pa fath o waith?

VIC: 'Fel modelau. Wy'n ffotograffydd.'

LOUISE: Beth? So, ni'n mynd i fod yn fodelau nawr, odyn ni?

VIC: 'Mae'n ddigon rhwydd. Fe dynna i luniau ohonoch chi, a gewch chi barhau i fyw 'ma.'

LOUISE: Edrychon ni ar ein gilydd. Cwpwl o luniau – nele hynny ddim drwg i neb.

VIC: 'Ardderchog. Nawr, dadwisgwch a glatsiwn ni bant.'

LOUISE: Yn sydyn, ddeallon ni beth o'dd e'n olygu. Ond beth allen ni wneud? Roedden ni'n barod i wneud unrhyw beth dros y nyth.

VIC: 'Yn gwmws. Ie.'

LOUISE: Roedd e'n teimlo fel tasen ni mewn breuddwyd.

VIC: 'Gwaith da, ferched.'

LOUISE: Fe dynnon ni'n dillad. Pishyn wrth bishyn.

VIC: 'Ti fanna!'

LOUISE: Er mwyn y nyth. Dyna'r cwbwl oedd ar ein meddyliau.

VIC: 'Symuda dy freichiau.'

LOUISE: Y peth mwyaf pwysig.

VIC: 'Dyna ni. Ie.'

LOUISE: Llosgodd fflach y camera drwy'r tywyllwch. Rhwygo
drwy'n croen reit lawr at yr esgyrn.

VIC: 'Hyfryd, ferched, hyfryd.'

LOUISE: O'r diwedd, rhoddodd ei gamera i gadw a
diflannu. Fe gafodd y cadno ei ffordd, ac fe gawson
ni'r nyth.

[SAIB.]

VIC: Drannoeth, doedd braidd dim awydd gweithio arnon ni.
Doedd dim awydd gwneud dim. Arhoson ni yn y nyth.
Heb ddweud rhyw lawer. Darllen cylchgrawn neu ddau,
yfed te.

Ar ryw bwynt, ddechreuon ni deimlo'n llwglyd. Aeth
Tülin a Claire i lawr i'r siop fara i brynu bara. Pan
gyrhaeddon nhw 'nôl, o'dd hi'n amlwg o'r olwg ar eu
hwynebau nhw fod rhywbeth yn bod.

[LOUISE A VIC FEL Y PUM MERCH.]

LOUISE: Ni yn y papur!

VIC: Beth?

LOUISE: [YN DARLLEN] 'Gang o ferched yn ymosod ar fenyw
bedwar deg saith oed.'

VIC: Beth?

LOUISE: 'Ddoe, oddeutu un o'r gloch, roedd gwraig ddiniwed
yn destun ymosodiad arfog yng Ngorsaf y Gogledd.
Cafodd ei bygwth â chyllell gan gang o ferched, a'i gorfodi
i roi ei holl arian iddyn nhw. Yn dilyn hyn cafodd ei
chlymu a'i chloi mewn tŷ bach. Dywedir fod y merched
rhwng 12 ac 16 mlwydd oed, ac o dras Fediteranaidd.'

VIC: Nid ni y'n nhw, felly.

LOUISE: Pwy arall allen nhw fod?

VIC: All e ddim bod yn neb *ond* ni.

LOUISE: 'Cludwyd y wraig i'r ysbyty, lle cafodd ei thrin am fân
anafiadau a sioc. Nid oedd unrhyw dystion i'r ymosodiad,
ond credir bod y gang o ferched yn gyfrifol am nifer o
ymosodiadau tebyg ar y lein hon. Mae'r heddlu bellach
wedi lansio ymchwiliad llawn.'

VIC: Chi'n credu bydd hi'n iawn?

LOUISE: Paid â meddwl amdani. Bydd yswiriant neu rywbeth
gyda hi, bownd o fod.

VIC: Ma'r heddlu'n chwilio amdanon ni.

LOUISE: Deuddeg oed! Nefoedd! S'dim un ohonon ni'n blydi
deuddeg oed!

VIC: Ssshh! Beth o'dd hwnna?

LOUISE: Beth?

VIC: Ssshh, gwrandwch! O'dd 'na sŵn. Lawr y stryd. Rhywun
yn gweiddi.

LOUISE: Glywes i ddim byd.

VIC: Safodd Maria'n dal y papur newydd. ''Y nhad i yw e,' wedodd hi.

Pan aeth hi adre cyn y parti, i fenthyg arian, roedd ei rhieni hi'n mynnu ei bod yn dweud wrthyn nhw ble yn union roedd hi'n aros. Neu, fel arall, roedden nhw'n pallu benthyg yr arian iddi na gadael iddi ddod 'nôl aton ni. Fe waeddodd e unwaith eto. O'dd Maria wedi gorffod mynd lawr i'r stryd. Neu base fe wedi dod lan 'ma. Neu wedi galw'r heddlu.

LOUISE: Felly fe adawodd hi.

VIC: Heb ddweud dim.

LOUISE: Jyst gadael. Jyst cerdded mas.

VIC: O'r ffenest, fe welon ni hi'n dringo i gar a gyrru bant. Do'dd y criw ddim yn gyflawn mwyach. Siglwyd y nyth. Roedd yr hydref yn prysur agosáu. Do'dd 'na ddim arian a dim bwyd. Roedd batris y *ghettoblaster* yn fflat. Y canhwyllau wedi llosgi'n ddim.

[SAIB.]

LOUISE: Vic? Fedra i ddim mynd mla'n.

VIC: Ma' fe'n rhwydd. Ma' Tülin a Claire wedi mynd mas i gael stwff. Fyddan nhw 'nôl mewn tymed bach. Tria feddwl am rywbeth arall.

LOUISE: Fel beth?

VIC: Jyst . . . unrhyw beth. Breuddwyd, beth bynnag. Beth licet ti gael am Dolig?

LOUISE: Na.

VIC: Ie. Dere. Dwêd. Wi'n addo peidio chwerthin.

[SAIB.]

LOUISE: Wi'n breuddwydio mod i'n gallu hedfan. Ti'n meddwl bod hynny'n dwp?

VIC: Ydw.

LOUISE: Licen i tasen i'n gallu hedfan, fry uwchben y ddaear. Dyna licen i'n fwy na dim.

VIC: Fel aderyn?

LOUISE: Fel aderyn? *Cheep-cheep*?

VIC: Ie, *cheep-cheep*.

LOUISE: Beth amdanat ti? Am beth wyt ti'n breuddwydio?

VIC: Ym, smo fi wir yn gwbod.

LOUISE: Dere mla'n. Wna i ddim chwerthin.

VIC: Fysen i'n dwlu bod yn *air hostess*. Hedfan o gwmpas y byd. Cerdded mewn gwisg smart lan a lawr yr eil. Gweini bwyd a diod i deithwyr hapus, sy'n mynd ar wyliau i rywle pell. O, sa i'n gwbod.

LOUISE: Ti'n gwbod beth?

VIC: Beth?

LOUISE: Dwi'n meddwl baset ti'n gneud *air hostess* ffantastig.

VIC: Ti'n meddwl hynny?

LOUISE: Ydw. Wi'n siŵr baset ti.

VIC: O. Diolch . . . Wyt ti'n teimlo'n well nawr?

LOUISE: Na.

VIC: Oeddet ti mor welw. Roedd dy dalcen di'n chwys i gyd, ac oeddet ti'n crynu. Ond ddywedes i ddim byd am hynny.

LOUISE: Mae'n waeth na'r arfer.

VIC: Daeth Claire a Tülin 'nôl gyda hash a gwin. Yfest ti fwged o win, ac yna un arall.

LOUISE: Yna'n sydyn, roedd yna sŵn traed ar y grisiau.

VIC: Roedd Maria wedi llwyddo i ddianc wedi'r cyfan!

LOUISE: Trodd dolen y drws.

VIC: Roedd hi'n amlwg wedi llwyddo i berswadio ei rhieni ei bod hi'n iawn.

LOUISE: Agorodd y drws yn araf.

VIC: Falle nath hi addo y bydde hi'n dod adre am sbelen cyn bo hir. Roedden nhw'n credu hynny fel arfer.

LOUISE: Ymddangosodd siâp yn y drws. Nid Maria o'dd yna.

VIC: [FEL Y DYN] 'Noswaith dda, fy llygod bach i. Dwi wedi dod i dynnu mwy o lunie. Fel bod chi'n gallu talu'ch dyled

. . . Beth y'ch chi wedi neud gyda'ch ffrind bach,
y flonden bert?'

LOUISE: Wedon ni nad o'dd hi yma. Wedon ni dyle fe adael,
achos bod ni wedi cael diwrnod caled.

VIC: 'Allwch chi anghofio hynny. Pwy sy'n dod gyda fi? Eiliad
fyddwn ni. Pwy sy'n gêm?'

LOUISE: Fe wna i fe.

VIC: Louise!

LOUISE: Er mwyn y nyth. Er mwyn y criw.

VIC: Rhoddodd y cadno ei bawen dew ar ysgwydd Louise
a'i harwain hi bant. Wnaethon ni ddim byd. Jyst gadael
iddi fynd.

Aeth ychydig o funudau heibio, yna glywon ni'r cadno'n
griddfan mas ar y landin. Eisteddodd Tülin yn llefen, a'i
hwyneb yn ei dwylo. Dalies i 'nwylo dros 'y nghlustie,
ond doedd hynny ddim yn ddigon i flocio'r sŵn na'r
delweddau mas.

Dechreuodd Claire weithio *joint* i Louise. Twymo'r
lwmpyn o hash a'i falu'n friwsion i mewn i bapur Rizla.
Roedd hi'n canolbwyntio ar beth oedd hi'n neud, fel tase
fe'r unig beth o'dd yn digwydd yn yr holl fydysawd ar yr
union adeg honno.

Sŵn *zip*. Ôl traed trwm yn mynd lawr y stâr. Yna Louise
yn sefyll wrth y drws. Yn crynu. Cyneuodd Claire y *joint*,
a'i roi e iddi.

LOUISE: Diolch.

VIC: Ti'n OK?

LOUISE: Chi'n cofio'r adar yna welon ni? Yr adar yna'n hedfan tua'r De. Tua'r haul. Meddwl amdanyn nhw o'n i. Trueni na fydde'n bosib gadael a hedfan bant.

VIC: Mae e *yn* bosib. Fe wnawn ni, Louise. Dwi'n addo – hedfanwn ni i'r De.

Sugnest ti'n galed ar y *joint*. Lenwest ti dy ysgyfaint. Est ti'n llipa i gyd, a steddon ni ar y fatres, lle gwmpest ti i gysgu'n drwm, drwm.

Rhannon ni weddill y *joint* ac ishte'n edrych arnat ti heb weud gair. Heb weud gair. Fel tasen ni wedi anghofio beth oedd newydd ddigwydd.

Fore trannoeth, Maria ddihunodd ni. Yn wên i gyd a mas o wynt. Bochau coch a dillad glân. Wedes i wrthi beth ddigwyddodd. Roedd e fel tase'n llais i'n dod o rywle pell i ffwrdd. Nodiodd Maria ei phen. Beth arall alle hi neud?

Wedodd hi bod ei rhieni wedi mynd am wyliau i Ynysoedd Canaria. O'n nhw moyn iddi hi fynd gyda nhw, ond fe wrthododd hi. Felly fe adawon nhw hi i fynd.

Eglures i wrth Maria am yr hyn wedest ti. Am yr adar, am hedfan i'r De. Gytunon ni mai dyna oedd raid i ni neud. Gadael.

LOUISE: Ond ro'n i'n golygu rhywbeth arall.

VIC: Er dy fwyn di.

LOUISE: Rhywbeth nad oeddech chi'n ddeall.

VIC: Roedd y cynllun yn un syml. Hel gymaint o arian â
phosib cyn gynted â phosib. Dyna'r cynllun. O'r eiliad
honno, dechreuodd popeth ddigwydd yn glou ofnadwy.

LOUISE: Ro'n i'n golygu rhywbeth arall.

VIC: Wnest ti fwmial rhywbeth yn dy gwsg. Gytunon ni
mai'r peth gore i ti, mwy na thebyg, oedd aros yn y nyth,
a chysgu nes i ti deimlo'n well. Rhoddodd Claire *joint* a
lighter ar y llawr, o fewn cyrraedd i ti taset ti'n dihuno yn
teimlo'n sâl.

Ddalion ni drên tua'r gogledd, i dŷ rhieni Maria. Agorodd
hi'r drws a diffodd y larwm. Ffindodd hi 'chydig o arian
mewn drâr yn swyddfa'i thad. Dyma ni'n sefyll yng
nghanol yr ystafell grand 'ma a syllu ar ein gilydd.

Cerddodd Maria draw at silff lle'r o'dd hen fas *antique*.
Cododd hi'r fas lan, edrych arni am eiliad, yna ei hyrddio
i'r llawr a'i thorri'n deilchion.

Yna aethon ni'n wyllt: malu fasys; sgubo llyfrau oddi
ar silffoedd; moelyd cypyrddau; rhwygo lluniau o'r
walydd; cicio planhigion yn ddarnau, hacio'r soffa ledr.
Roedd Maria'n crio a chwerthin ar yr un pryd. Ar ôl i
ni orffen, ailosododd Maria'r larwm a chloi'r drws ar ei
hôl. Ffindodd hi garreg enfawr yn yr ardd a'i thaflu drwy
ffenest y drws cefn. Canodd y larwm, ac fe redon ni.

Roedd y cyfan jyst fel mewn ffilm. Daethon ni oddi ar y trên yn yr orsaf ganolog. Roedd hi eisoes yn dywyll. Arhoson ni tu fas i siop gornel yn gwylio nes bod dim un cwsmer i mewn yno. Yna aethon ni mewn, yn syth lan at y boi tu ôl i'r cownter. Gofynnodd Claire am gwrw, trodd y dyn o gwmpas i'w mofyn. Fe neidion ni arno fe, ei fwrw i'r llawr, a Claire yn dal cyllell ychydig fodfeddi o'i lygaid. Fe wagion ni'r til a drâr yn y swyddfa, oedd yn llawn arian. Chydig o eiliadau gymerodd e ac roedden ni mas ar y stryd eto. Rhedon ni i gyd i gyfeiriadau gwahanol, mor glou â phosib, ein calonnau'n curo a'r gwaed yn rhuo yn ein clustiau.

Roedden ni wedi cytuno i aros am gwpwl o oriau, cyn cwrdd lan yn y nyth a pharatoi i adael y bore wedyn. Ffindes i gaffi a gofyn am ddiod. Edrych ar y cloc, edrych arno eto.

Roedd 'y nwylo i'n crynu a chwys yn diferu i lawr cefn 'y ngwddw. Roedd pedair merch yn eistedd wrth y bwrdd nesa, yn trafod eu hathrawon mewn rhyw ysgol neu'i gilydd.

[SAIB.]

VIC: Wherthinon nhw a phlygu dros y bwrdd, gan sibrwd a llygadu'r bechgyn hŷn wrth fwrdd arall yng nghefn y caffi.

Yn sydyn doedd hi ddim yn teimlo'n iawn mod i'n ishte yna, a tithe ar ben dy hunan bach yn y nyth. Godes i a dod 'nôl. Roedd y nyth yn hollol dywyll. Gripies i ar flaenau 'nhraed yn ofalus, yn treial peidio dy ddeffro di.

Roedd y nyth yn wag.

LOUISE: Vic?

VIC: Roeddet ti wedi diflannu.

Feddylies i y byddet ti'n dod 'nôl. Dy fod ti wedi deffro a theimlo'n iawn. A bod ti jyst wedi mynd mas am dro. Doedd dim i fi neud ond eistedd ac aros. Ac felly steddes i yna, ar 'y mhen fy hunan. Roedd hi mor dawel. Chwythai awel braf drwy'r ffenest agored a sylweddolais i bod angen awyr iach arna i. Es i draw i'r ffenest ac edrych mas dros doeau'r tai.

[SAIB.]

Ac wedyn ddealles i. Ddealles i beth oedd wedi digwydd.

Sefest ti o flaen y ffenest yn yr haul. Do. 'Co ti'n sefyll, yna, yn edrych mas. Ti'n edrych, ti'n anadlu mewn, ti'n anadlu mas. Ac yna ti'n hedfan bant – doedd e'n ddim mwy o ddirgelwch na hynny. Ti'n teimlo'r aer o dy gwmpas, fel ma' adar go iawn yn neud. Mae popeth yn troi'n ysgafn ac yn esmwyth. A ti'n hofran, yna'n hedfan bant fry uwchben y byd, tua'r De.

Doeddet ti'n methu aros amdanon ni, felly fe hedfanest ti, ar ben dy hunan. Hedfanest ti bant.

LOUISE: Nage.

VIC: Louise? Ti sy 'na?

LOUISE: Nage!

VIC: Lle ti wedi bod? Dere, ni'n gorfod mynd.

LOUISE: Na.

VIC: Na?

LOUISE: Na.

VIC: Ie!

LOUISE: Na.

VIC: Be ti'n feddwl, 'Na'?

LOUISE: Dwed beth ddigwyddodd yn iawn.

VIC: Fe fydd y gweddill 'nôl cyn bo hir. Ac yna gawn ni fynd bant.

LOUISE: Na!

VIC: Ma' arian gyda ni. Ni'n mynd bant. Cyn gynted ag y daw'r gweddill 'nôl, ni'n mynd bant. Tua'r haul. Jyst fel wyt ti moyn.

LOUISE: Ffindest ti fi. Shiglest ti fi.

VIC: Cau dy geg!

LOUISE: Gynheuest ti'r gannwyll ola 'na.

VIC: Naddo!

LOUISE: Cynnau'r gannwyll ola' yna a mynd mas i'r landin.

Ac yna, draw yn y gornel. Yn y gornel, Vic. Beth welest ti? Beth welest ti?

Welest ti fi, yn y gornel, lan ar bwys y wal, rhwng y bags a'r bocsys a'r sbwriel. Welest ti fi. Ond weles i mohonot ti.

Fy mhen i'n ddiymadferth. Nodwydd yn sticio mas o 'mraich i. On i'n hollol lonydd. Ac fe edrychest ti arna i, welest ti fi. Yn llonydd, tawel a gwelw.

VIC: Blyges i lawr a gafael yn dy sgwyddau di. Shigles i ti. Roedd dy gorff di'n oer a stiff. Louise? Louise!

LOUISE: Shiglest ti fi.

VIC: Dihuna! Nawr! Sa i'n lico fe!

LOUISE: Ond ddihunes i ddim.

VIC: Alli di ddim jyst ishte 'na. Ni'n gorffod mynd. Ni'n gorffod.

Ond ddihunest di ddim.

Dwi'n gweld dy isie di.

LOUISE: Mewn breuddwyd, gerddest ti nôl mewn i'r nyth. Suddo i'r llawr. Daeth y gweddill 'nôl, un ar ôl y llall. Tülin, Claire, Maria.

VIC: 'Ble ma' Louise?'

'Ma' Louise wedi hedfan bant,' wedes i.

LOUISE: Gwmpon nhw i'r llawr, wedi llwyr ymlâdd, jyst fel wnest ti. Cysgu, dihuno, a chysgu eto.

VIC: Dim ond braidd gofio'r fflach ydw i.

LOUISE: Y cadno.

VIC: Yn sydyn roedd y cadno'n sefyll yna, ar ganol y nyth.

LOUISE: Roedd ofn arnoch chi bob un, wrth i chi grynu yn eich cwrcwd erbyn y wal.

VIC: Ac yna, fe redon ni bant. Bant oddi wrth yr arian, oddi wrth y cadno, oddi wrth bopeth. Bant, bant, bant.

LOUISE: O orsaf i orsaf, drwy dwneli, dros bontydd. O ddinas i faestref i dref.

VIC: Ymlaen tua'r de, mla'n a mla'n hyd at ddiwedd y lein. Pentrefi, caeau, coed.

Gerddon ni o gwmpas wedi drysu'n lan, a chysgu mewn coedwig. Gorwedd yno'n syllu fyny at frigau'r coed.

Fe feddylies i'n bod ni yn y Nefoedd. Roedd hi fel tasen ni'n gorwedd gyda'n gilydd tu fewn i focs esgidiau gwyn enfawr, a bod merch fach wedi palu twll i'r bocs, ei gladdu'n ddwfn yn y ddaear, a gosod blodau pert y gwanwyn ar ei ben.

Yna daeth golau gwyn, mwy a mwy llachar, mor llachar nes oedd rhaid i fi gau'n llygaid.

LOUISE: Ond fe ddeffrest ti.

VIC: Do, fe ddeffres i, ond doedd dim syniad gyda fi ble o'n i. O'dd popeth yn wyn llachar. Ond mewn ffordd wahanol. Roedd piben yn dod mas o 'mraich i. Do'dd y lleill ddim

yno. Neu o leia o'n i'n ffaelu'u gweld nhw. Dim ond y nyrs
allen i weld.

O'n i ar 'y mhen 'yn hunan. Dyna sut bennodd e.

LOUISE: Ddim i ti.

[SAIB.]

VIC: Fory, af i i weld dy fedd di. Achos dyna ble wyt ti,
Louise. Fe arhosa i yna am sbel, yn meddwl amdanat ti ac
yn gweld dy eisiau di. Fydda i ar fy mhen fy hunan. Ond
fydda i'n gwbod y byddi di yno bob tro.

LOUISE: Fel nawr.

VIC: Fel nawr. Dwi ar fy mhen fy hunan. A dwi'n gweld dy
eisiau di.

LOUISE: Falle dy fod di ar ben dy hunan. Ond fydda i wastad
yma.

VIC: Ar fy mhen fy hunan, gyda'r stori.

LOUISE: Fydda i wastad yma. Ar fy mhen fy hunan.

VIC: Y stori. Ie.

Fy enw i yw Vic. Rai blynyddoedd 'nôl, o'n i'n byw ar y
strydoedd gyda chriw o ferched. Roedd hi'n haf. Ro'n i'n
un deg pedwar mlwydd oed. Dyma'n stori ni. Dyma fy
stori i.

DIWEDD